अंतर्मन से परिचय

Amrita Tripathi

BookLeaf
Publishing

India | USA | UK

Presentation by *BookLeaf Publishing*

Web: www.bookleafpub.com

E-mail: info@bookleafpub.com

ISBN: 9789360948733

First edition 2024

ब्रह्मांड का अस्तित्व

जो विस्तृत है, असीम है, ना स्थिर है पर अनंत है
वो ब्रह्माण्ड यूँ सिमट गया
मेरे मन में आज का अस्तित्व यूँ फलित हुआ।

यूँ तो इस संरचना की अपार महानता का -२
किसी को नहीं है अनुमान।
जहाँ प्रभात होते ही सूर्य की किरणे -२
सजीवता का स्त्रोत बन, कर रही हैं सृष्टि का
निर्माण।।

पर इस प्रचंड प्रकाश के धनी सूर्य ने
यह अवश्य सिखा दिया
स्वयं जलते हुए भी वसुधा का वही तो एक सृजनहार
हुआ!

जो विस्तृत है, असीम है, ना स्थिर है पर अनंत है
वो ब्रह्माण्ड यूँ सिमट गया
मेरे मन में आज का अस्तित्व यूँ फलित हुआ।

तारे तो अनंत है -२
पर अनन्य वो चंद्र है।
जो चाँदनी धरा में बिखेर मेरे हृदय को उज्जवलित
कर गया -२
हर रात्रि को प्रकट हुआ मुझे यह सिखा गया,
कैसे हर बार अंधकार ने ही उसका सृजन किया -२

तो क्यूँ भयभीत हूँ मैं अंधकार से -२
कहीं मिलेगी मुझे भी पहचान, इन अँधेरों में बता
गया।

जो विस्तृत है, असीम है, ना स्थिर है पर अनंत है
वो ब्रह्माण्ड यूँ सिमट गया
मेरे मन में आज का अस्तित्व यूँ फलित हुआ।

जिसके मूल के आधार को खोजता हर विज्ञान है
जिसकी अत्यन्तता वर्णित करती हमारा काल है।
यह अवश्य स्पष्ट है की ब्रह्मांड कुछ भी नहीं से
खुद को सृजित कर सकता है और हमेशा करता
रहेगा।

इस स्वतह स्फूर्त के चलते ही कुछ नहीं के बजाय कुछ
है -२
ब्रह्मांड का अस्तित्व ही हमारा अस्तित्व है। -२

विडम्बना कुछ ऐसी है

आज मेरे शहर में खुली हवा तो है,
पर साँसों में घुटन भी है।

हम लोग ज़िम्मेदार तो हैं,
पर साथ ही मजबूर भी हैं।

दिल और दिमाग़ हमारे मज़बूत तो है,
पर फेफड़े कमज़ोर से हैं।

आज लोग अपने ही आशियानो मे क़ैद से हैं।

अज्ञात अनुभूति

सौ सराहने के लिए और सौ निहारने के लिए बैठे हैं,
हैं तो चाहने वाले बहुत पर गुमनाम बने बैठे हैं।

उँगलियाँ उठाते हैं जो मेरे हुनर पर अक्सर -२
वही अनजाने मे मेरे दीवाने बने बैठे हैं।
कोफ़्त करते हैं मेरी तरक़्क़ी पर मगर -२
इसी तरक़्क़ी की चाह लिए बैठे हैं।

बस कर भी दो गिले शिकवे अब दूर -२
हम तो तुम्हारी बरकत के लिए दुआ माँगे बैठे हैं।
ज़िंदगी के फ़लसफ़े को समझते हैं जो लोग -२
वो दूसरों की कैफ़ियत से मुतासिर हुए बैठे हैं।

एक कसक

दर्द आँखों से बह जाता तो दिल में समंदर नहीं होते,
छलक जाए गलती से कभी, तो भी बवंडर कम नहीं
होते।।

जिन्हें मिलना हो बहाने कुछ भी हो वो मिल ही जाते
हैं...-२
हमारे पास ख़ैर बहानों की फ़हरिस्त अच्छी है।

किसी की आहटें सुन कर ख़ुशी से यूँ मचल जाना...-२
हमारे दरवाज़े पर एकटक खामोशी बैठी है।

अब ख़्वाबों में आने की फ़ुरसत हो कभी शायद -२
हमारी आँखों से फ़िलहाल नींदें भी बरामद हैं ।

दर्द आँखों से बह जाता तो दिल में समंदर नहीं होते,
छलक जाए गलती से कभी, तो भी बवंडर कम नहीं
होते।।

दर्द थमता नहीं

दर्द थमता नहीं, ये मर्ज़ भरता नहीं।
दर्द थमता नहीं, ये मर्ज़ भरता नहीं।
ज़िंदगी कट रही है इस शर्त पे।
कि जब तक साँस चले, आराम मिलेगा नहीं।

उम्र के बढ़ते दायरे में हर बार कुछ सीखा नया -२
वो टेढ़ी गलियां थी जो सिखा गईं सफर करना -२
वरना सीधे रास्तों में तो बस एक-दो फ़साना ही बना।

मैं ठहर जाऊँगी उस मोड़ पे
मैं आज भी ठहर जाऊँगी उस मोड़ पे।
जहाँ हम कल मिले थे, साथ कुछ सपने बुने थे।
पर अब घर का पता कहीं और है, और वो मोड़ बहुत
दूर है।

शाम ढलते ही रात के अंधेरे में, -२
दिल बरसेगा और आंखें होंगी नम।
और अपने अपने हाल पे बड़े इत्मीनान से आहें भरेंगे
हम।

दर्द फिर भी थमेगा नहीं, मर्ज़ फिर भी भरेगा नहीं।
ज़िंदगी कटेगी इसी एक शर्त पे,
कि जब तक साँस चले... आराम मिलेगा नहीं।

कश्मकश

एक कश्मकश में है दिल, ख़्यालों में उलझा जैसे।
दो रास्ते सी ज़िंदगी, या चौराहे पे हम खड़े?

कदम उठ के फिर रुके, सोच ने मजबूर किया,
कि इन रास्तों के मोड़ पे, मंज़िल है एक या जुदा?
या यूंही रास्ते कुछ अपने से, और मंज़िलें अंजान सी
हैं,
पर फिर क्यूँ रास्तों पे बेइंतेहा इंतज़ार और मंज़िल पे
बस छोटा सा इक़रार ही है।

और ये भी खूब है कि रास्ते हसीन हैं, मंज़िल कुछ
धुंधली दिखी,
इस उधेड़बुन और बदलते रिश्तों में कहीं पहचान भी
गुम सी गई।
मैं खुद को खो के, खुद ही में ढूंढती रही।
मैं खुद को मापतोल के, खुद ही में ढूंढती रही,
जैसी कल थी, आज वैसी न मिली।
जो मैं कल थी, आज वैसी न मिली।

चंचल मन

मन चंचल है, तो बहक सा जाता है,
दिमाग़ की सुनता कहाँ है,
अपनी ही दुनिया में रम सा जाता है।

लोगों से झूठ बताया गया है,
पर ख़ुद से कहाँ कोई राज़ छुपा है,
दिल ही दिल में एक अफ़साना बुना है।

रूहों को मिलने से रोक कहाँ पाया है ज़माना,
कुछ बात अनकही दिलों ने सुनी है,
होठ ख़ामोश हो पर आँखों से गुफ़्तगू हुई है।

रूहानियत के नूर

हयात के पन्नों पे मुसलसल उंस मेरा,
रूहानियत का नूर बदस्तूर तेरा।
ताबीर मेरे ख्वाबों की हकीकत से परे,
तेरा साथ जो ख्वाब में भी हो तो समझूँ सब मुकम्मल
हुआ।

तारीफ़ तेरी करता है ये ज़माना मुझसे,
इसे पता नहीं तू खुद बना हुआ है ख़ुदा मेरा।
बड़ी हिफ़ाज़त से समेट के रखे हैं वो चंद लम्हे दिल में,
महफ़ूज़ रहेंगे ये सदा यूँही, कि इनपे निसार है सारा
वजूद मेरा।

ख्वाहिश

ख्वाहिशों से भरी बेवजह सी ज़िंदगी,
गुमनाम है बेमतलब सी हर हंसी।

फ़ासलों के दरमियाँ कुछ अनकही अनसुनी,
परेशान मिला हर शख़्स अपना हो या अजनबी।

नाकाम दिखे रिश्ते मुझे अक्सर ऐसे ही,
किसी की चाहत कमज़ोर थी, और कोई चाहने वाले
को भूल पाता था नहीं।

है शोर तमाम उम्र, हर राह, हर कहीं,
फिर भी तन्हा है हर कोई, जो भी मिला दो घड़ी।

एक दर्द है मलाल सा, छुपा दिल में कहीं,
ख्वाहिशों के पीछे छुपी एक लंबी उम्र सी कहीं।

कुरबान

कुरबान हो जाने की
कुछ फ़ितरत है मेरी
फिर काम हो,
या प्यार हो,
या ज़िंदगी!

एक दोस्त

एक दोस्त तुम जैसा हो,
तो बात हो न हो, दिल बहल सा जाता है।
जाम हो न हो,
नशा सा चढ़ ही जाता है।

एक शाम ऐसी हो,
तो दिन कैसा भी हो, आराम मिल ही जाता है।
दिल को सुकून मिल भी जाता है।

एक मंज़िल ऐसी हो तो,
सफर कैसा भी हो, अच्छा ही लगता है।
दिल गुनगुनाता रहता है।

एक गीत दिल में ऐसा हो,
तो साज़ बज ही उठते हैं।
कदम थिरक से जाते हैं।

एक उम्र ऐसी हो तो,
तजुर्बे बन ही जाते हैं।
सबक भी मिल ही जाते हैं।

एक उम्मीद ऐसी हो,
तो सफ़र भी कट ही जाता है।
मंज़िल के पास तक ही राही, ले बे जाता है।

बस एक दोस्त तुम जैसा हो,
तो सब मुमकिन सा लगता है।
सपना भी अपना सा लगता है।

संदेह

जब रात अधर पे हो,
सन्नाटा गूंजता है,
ज़िंदगी की बदलती करवटों के साथ,
खुली आँखों में एक सपना पलता है।

अपने ही वजूद पे एक संदेह सा होता है,
दुनिया को जो दिखता वैसा ये रूप ना होता है।

कई बार कोशिश करते हैं,
इस गुत्थी को सुलझाने की,
मगर उलझते धागों सी ज़िंदगी बस मन में और उलझ
जाती है।

इन धागों से कभी कोई ख़्वाब बुनते हैं,
फिर उन्हें खोल के यादों के मोती से माला पिरोते हैं।

इस अतीत और भविष्य की कल्पना में,
आज को खोखला पाते हैं।

अपने ही वजूद पे एक संदेह सा रहा,
दुनिया को जो दिखता वैसा ये रूप कभी ना रहा।

फौलाद से कम ना समझना

बेबस नहीं हूँ, मजबूर नहीं हूँ,
अपने ख्यालों में आज भी आज़ाद हूँ।

मेरी ख़ामोशी को मेरी हार मत समझाना,
ये आत्म-सम्मान है, इसे आम मत समझाना।

बिखर जाऊँ ये मुमकिन है लेकिन,
मेरे इरादों पर, शक न करना।

आँसू पहले भी छलकें हैं आँखों से...
इन्हें एक और बार देख के इसे मेरी हार मत
समझाना।

जीतने के लिए फौलाद का सीना काफ़ी नहीं,
मेरे उसूलों को फौलाद से कम ना समझना।

तकलीफ़

दर्द तो कई थे ज़िंदगी में
पर आज का दर्द ज़्यादा है,
तुमने गिरा दिया निगाह से
इस बात की तकलीफ़ ज़्यादा है।

मेरी जफ़ाकशी का ये हिसाब
जो इतना कम तुमने आँका है,
अपनी ही शिद्दत पे मेरा ख़ुद का
यक़ीन आज कुछ आधा है।

एक दौर काम को शुगल कर
जो नाम मैंने कमाया है,
उस नाम पे तेरे एक शक
का रुआब कुछ ज़्यादा है।

मैं चलूँ अब इस महफ़िल से
यहाँ से नहीं अब कुछ नाता है,
जो हुजरा सदियों में बनाया था मैंने
यहाँ गैरों का अब आना जाना है।

दर्द कई थे ज़िंदगी में
पर आज का दर्द ज़्यादा है,
तुमने गिरा दिया निगाह से
इस बात की तकलीफ़ कुछ ज़्यादा है।

बहती ज़िंदगी

मैं रहूँ ना रहूँ,
बेशक महफ़िलें सजेंगी।
पर मेरे ना होने की बात फिर भी,
कहीं तो दिल को छुएगी।

सजा लेना अपनी शामों को,
लोग बदस्तूर आएंगे ज़िंदगी में।
मैं आज हो के भी हूँ नहीं,
लेकिन मेरी जगह कल निगाहों को खलेगी।

मैं बहती नदी की वफ़ा सा दावा करती हूँ,
सागर में मिल जाना ही मुक़द्दर है तो, बेधड़क सागर
से मिलती हूँ।
ये बात और है मंज़िल पे बेवफ़ाई के नज़ारे होंगे,
समंदर के दायरे में न जाने कितनी और नदियों के
किनारे होंगे।

ख़्वाब

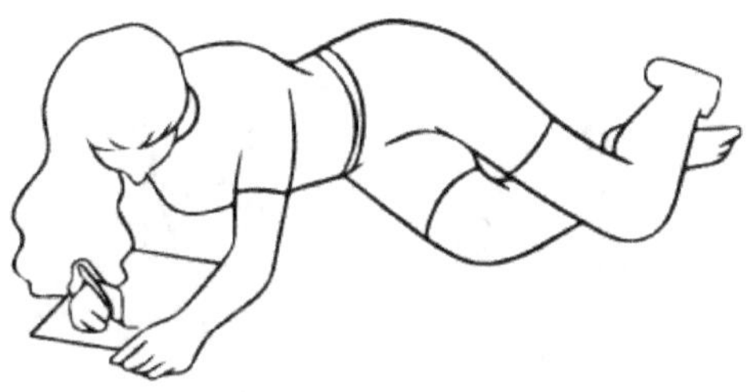

ख़त मिले मेरा कभी तो उसे दिल ही समझना
काग़ज़ पे चाहत ही तो है।

शब्द बटोरती हूँ ज़िंदगी की भागदौड़ में
इनको तुम तक भेजने की आदत सी जो है।

वक़्त तो गुज़र जाता होगा तुम्हारा भी,
पर बेवक़्त कभी याद तुम्हें भी मेरी आती तो है?

कभी शायद खतम होंगे ये सिलसिले भी,
पर मुझे आज मे जीने की आरज़ू भी तो है।

कल ये पल हो ना हो
इनकी यादें होंगी
दिल को ये तसल्ली तो है।

जीने के लिए उम्मीदों का सहारा काफ़ी है.
ख़्वाब सजाने को अभी और रातें भी तो हैं।

नए मंज़र

मुट्ठियों में पकड़ के बैठे हैं,
खुशियाँ जो मिली है चंद।
रेत सी निकल ना जाए हाथों से, डर है बस...

गुदगुदा रहा है मौसम,
हवा सँवारती है मुझे।
ज़िंदगी नए मंज़र पे ये लाई है किसे...

शाम ढल रही है सर्द मौसम की,
कोहरा सा है दरमियाँ।
मगर दिए सा दिखता नूर तेरे चेहरे का,
दिला रहा है एहसास।
हम अभी कुछ और देर साथ हैं,
अभी कुछ नए और भी जज़्बात हैं।

शाम की चाय पे किस्से सुनाते तुम,
चाय की गर्मी से हाथ सेकते हम।
मुस्कुराहटें थमी हैं दोनों के होंठों पे,
अभी ना जाने और कितने अफ़सानों से है दम।

फिर भी मुट्ठियों में पकड़ के बैठे हैं,
खुशियाँ जो मिली है चंद।
रेत सी निकल ना जाए हाथों से, डर है बस।

दिल दरिया

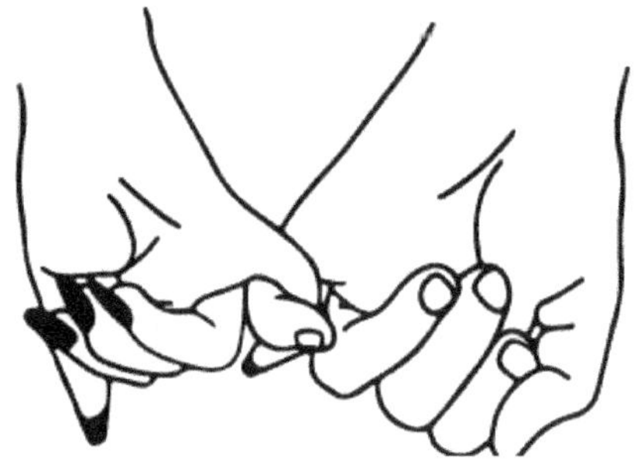

दिल तेरा दरिया, प्यार मेरा साहिल है,
मेरी हर नज़्म में ज़िक्र तेरा ज़ाहिर है।
गुनगुना उठे हैं फ़रिश्ते,
हर गीत मेरा जिनमें तू शामिल है
दिल तेरा दरिया, प्यार मेरा साहिल है।

वो चाँद सी शरारतें तेरी,
कभी दिखना कभी गुम हो जाने की फ़ितरत तेरी,
एक मेरी दीवानगी, उस पर ये ख़ुद्दारी तेरी,
है मजबूर लेकिन फिर भी है तो ये यारी मेरी,
हर पल साथ तेरे, तक़दीर की मेहरबानी मेरी।

निभाने को पड़े हैं रिश्ते सारे,
जो बिन निभाए निभ गए वो हैं मेरे तुम्हारे,
हर मोड़ हर किनारे,
कभी दस्तक दे कर, कभी बिन जाने,
मिलते रहेंगे जब तक है आसमान में चाँद और तारे।

दिल तेरा दरिया, प्यार मेरा साहिल है,
मेरी हर नज़्म में ज़िक्र तेरा ज़ाहिर है,
गुनगुना उठे हैं फ़रिश्ते,
हर गीत मेरा जिनमें तू शामिल है।
दिल तेरा दरिया, प्यार मेरा साहिल है।

एक कोना सुकून का

एक मुद्दत से खोज में है जिसकी,
वो ख्वाब में भी ओझल से दिखते हैं।
अपने ही आशियाने में हम,
एक कोना सुकून का ढूंढते हैं।

गर्दिश में हैं तारे मगर,
हम हौसला चाँद पाने का रखते हैं।
तो कभी तकिए तलक पलकों के गीले ख्वाबों में, हम
बादलों पे तैरते हैं।

काँच की तरह टूट जाने का ख़ौफ़ तो है लेकिन,
दिल पत्थर सा करके, हर रोज़ इस बेदर्द ज़माने से
मिलते हैं।

बीते हुए मुस्कुराते कल की बुनियाद पे,
हम आने वाले कल को देखते हैं।
जो आज बिखरा सा है उसे समेट के,
बस यूँही आगे को बढ़ते हैं।

अपने ही आशियाने में हम,
एक कोना सुकून का ढूंढते हैं।

फितूर

वह तिश्नगी जो जुनून थी,
आज एक सुकून है।
सब रंजिशें मिटी हुई,
सर चढ़ा एक सुरूर है।
ऐ वक्त थम जा जरा,
आज दिल हसरतों से रूबरू है।
हौसलों की डोर पकड़,
जो उड़ रहा तेरा फितूर है।

एक उम्र का बेहिसाब तजुर्बा अभी बाकी है।

कुछ और जीना अभी बाकी है -२
कुछ और बनना और टूटना अभी बाकी है,
एक उम्र का बेहिसाब तजुर्बा अभी बाकी है।

करवटों में कई रात अभी बाकी है -२
ज़िंदगी की राह में ठहराव अभी बाकी है।

नहीं हुई जो बात अभी बाकी है -२
ना जाने कितनी मुलाक़ात अभी बाकी है।

गिर के संभलना अभी बाकी है -२
इन चोटों का भरना अभी बाकी है।

शाम की शमा अभी बाकी है -२
मेरे हिस्से की जाम अभी बाकी है।

कुछ और जीना अभी बाकी है,
कुछ और बनना और टूटना अभी बाकी है,
एक उम्र का बेहिसाब तजुर्बा अभी बाकी है।

अंतर्मन से परिचय

अंतर्मन से बातें, अज्ञात बातें,
अव्यक्त भावों का संग्रह,
मन की गहराईयों में,
अनगिनत रहस्यमयी बातें।

जो पढ़ती हूँ सिर्फ मैं,
पर कहना चाहती हूँ सबसे,
अंतर्मन की गहराईयों में,
अज्ञात बातों का संवाद।

अंतर्मन की गहराईयों में दोस्त,
सच्चाई का आईना,
जो दिखाता है मुझे मेरा सच,
और बताता है कई दिलचस्प बातें।

अंतर्मन से परिचय हो जाए जब और अनजाना बन
जाए पहचाना,
तब होगा सम्पूर्णता का अनुभव,
और निश्चित आत्मा का अनोखा आलोक।